Henning Sabo · Verdichtungen

AF289003

HENNING SABO

Verdichtungen

2013 · 2/4

edition kEin zWeites

Früher Morgen:
Nur der Vögel Singen,
Nur mein Lauschen …

In der Luft,
Die Flocken Schnees:
Kaum mehr als nichts …

Am Boden,
Weiß auf weiß:
Was für ein Etwas!

In der Sonne,
Wie viel schon geschmolzen!

Im Schatten,
Wie kalt noch und hart!

Fällt Schnee jetzt
In der Sonne Schein …

Man könnte meinen,
Die Flocken müssten schmelzen
Bereits in ihrem Fallen;

Doch ist ihr Leuchten
Nur noch ein bisschen lichter,
Nur noch ein bisschen zarter …

Und so ganz stille jetzt –
Wie in sich selbst hinein.

Schnee
Ist gefallen …

Und die Vögel,
Sie singen!

Vor dem Blumenladen,
Statt Stiegen voll mit Frühlingsblumen:
Die stille Ordnung eines Haufen Schnees.

Auf der matschigen Wiese
Noch ein Klumpen aus Schnee –
Wie ein Felsen im Meer!

Der Amsel Gesang,
Er kündigt den Frühling nicht an,
Er klagt ihn ein, er mahnt ihn an!

So sonnig der Tag, so kalt ist die Nacht,
Am Morgen der Reif noch die Erde bewacht;
Der Himmel so weit und die Sterne so klar,
Und um die Laterne ein Falter – der erste im Jahr!

Auf dem Heimweg …
Lauter Geschenke für mich:
Ein plätschernder Brunnen im Garten,
Die Plötzlichkeit von Blüten und Farben,
Die Sonne in meinem Rücken,
Die die Schatten der Laternen
Auf meines Weges Ränder legt –
Und:»Es ist Frühling« sagt …

Der Himmel heute
War voller Wolken –
Weißen wie dunklen!

Regen ist nicht
Aus ihnen gefallen –
Und auch für mich
Nicht das kleinste Gedicht!

So hängen wir jetzt
Noch ein bisschen herum –
Und lassen uns sein:
Dichter und Grün!

Hinter den Wolken
Der Sonne Erscheinen,
Über den Wipfeln
Ein sprühender Regen …

Auf der Straße, an den Bäumen
Die perlenden Tropfen,
Sie schimmern und leuchten,
Wie glitzernde Seen,
Wie Diamanten, die funkeln …

Nach dem Regen:
Wie erneuert auf einmal
Der Vögel Singen!

Ach, Regenwurm –
Wohin?

Die Regenwürmer
Nach dem Regen –
Den Vögeln
Ein gefundenes Fressen!

Der Regen will nicht enden …
Er zwingt das Land
Vom Trinken ins Ertrinken.

Die Wolken, die sich vereinigen –
Wie sie den Himmel verdunkeln!

Die Wolken, die sich durchdringen –
Sie lösen sich auf …

Beim Vorübergehen
Höre ich eine alte Frau
In ihrem Garten singen.

Es klingt sehr falsch
Und ziemlich daneben,
Aber auch glücklich
Und reichlich verwegen.

Beschwingt schreite ich fort –
Mit einem Lächeln.

Wie mich das Leben
Heute beschenkte!

In den Wolken:
Welche Formen!
In den Blüten:
Welche Farben!

Und in allem:
Dies Leuchten und Strahlen!
Dies Leuchten und Strahlen!

Wie mich das Leben
Heute beschenkte!

Vogel-Schatten
Auf den Sonnen-Matten,
Hasen-Hoppeln
Über Rasen-Stoppeln,
Blätter-Flirren
In der Stille Sirren –
Sonntag Morgen:
Fern von Sorgen!

Es sind Ferien.

Jetzt gehört er,
Der Morgen,
Wieder der Stille –

Und mir!

Bin stille, ganz stille;
Ein Hauch in der Luft,
Ein Hauch wie aus Nichts,
Nicht hörbar, nicht sichtbar –
Doch hier nun, auf meiner Haut:
Ein Streicheln, so zärtlich, so zart.

Wie jeden Tag
Gehe ich meinen Weg.

Doch heute
Einen anderen.

Die unreifen Früchte
Unter den Bäumen,
Sie faulen.

Stundenlang
Kann ich ihnen zusehen,
Den Blättern,
Wie sie sich im Winde drehen.

Im Windfang gefangen
Haben sich einzig die Fliegen;
Der Wind, er ist
Derweil draußen geblieben.

Flasche und Wind
Stimmen an ein Lied …

Aber nur,
Wenn der Winkel stimmt!

Auf dem Boden, unter den Laternen:
Die flatternden Schatten
Der Motten.

Der Vogel
Fliegt auf,

Eine Feder
Hinab.

Sonntag Morgen:

Aus den Bäcker-Läden
Die ersten Menschen
Mit ihren Brötchen-Tüten.

Ich, aus den Feldern,
Mit den verdreckten Tüten
Voller Pflaumen und Kirschen.

Was für ein Strauchdieb
Hat aus den Bäumen
All diese Äste geknickt?
Hat die zartgrünen Blätter,
Die noch unreifen Samen,
Von den Zweigen gerissen,
Auf die Wiesen und Wege gestreut,
Zwischen Türen und Tore gesät?

’s war der stürmische Wind!
’s war der stürmische Wind!

Als ich, nach reiflicher Überlegung,
Mich doch noch in die Sonne lege,
Da tut dies auch die große Wolke.

Wie heiter heißt alles
Mich heute willkommen,
Und wie sehr ist ein jedes
Von sich jetzt erlöst.

Selbst auf den Dächern, die
Künstlichen Krähen, sie lächeln,
Und alles ist Stille
Und singt dieses Lied.

Nach dem Regen:
All die Schnecken
Auf den Wegen!

Liegt's an meinen Ohren?
An den Vögeln?
Dass ihr Singen
Mir erst jetzt gewahr?

Auf der Parkbank heute,
Es war ja nichts,
Wollte ich weinen vor Glück.

Auf der Parkbank heute,
Inmitten des Glücks,
Musste ich weinen um nichts.

Auf der Parkbank heute,
Erfüllter vom Ist,
Durfte ich weinen im Ist.

Im Meer, in den Wellen:
Ein flirrendes, fließendes Licht:

Der Mond, der am Himmel,
Und eine Stille, die tiefer als Stille ist!

Im Sommer stellte ich
Mich aus der Sonne,
Jetzt stelle ich
Mich in die Sonne –

Hier,
An dieser gleichen Stelle!

Nach ein paar kühlen Tagen
Ist es sonnig wieder und warm geworden.
So scheinen selbst die bunten Blätter
Noch wie ein Gruß aus dem schon fernen Sommer.

Aus der Ferne dachte ich:
Dieses Tier, es bewegt sich
Auf seltsame Art.

Im Nahen erkannte ich:
Ein kullerndes Blatt!

Zuerst, da dachte ich,
Dass es ein Blatt,
Das erschien mir als Vogel;

Doch dann erkannte ich,
Dass es ein Vogel,
Der erschien mir als Blatt.

An jedem neuen Morgen:
All die bunten Blätter
Auf dem Boden!

Immer neue Muster,
Immer frischere Bilder,
Formt der Wind …

Mit allem,
Was er auf der Erde findet.

In den Bergen
Ruft ein Mensch
Einen Namen ...

Dann ein Echo,
Das sich verliert ...

Rauchschwaden,
Die sich in Wolken auflösen,
Wege,
Die sich im Nichts verlieren,
Ruinen,
Die überwuchert werden …

Kriege –
Und Frieden.

Unter den Eichen: die Eicheln,
Unter den Buchen: die Eckern,
Unter den Füßen: der Weg.

Bewölkt
Ist der Himmel,

Doch leer …

Ich lausche in die Luft, die feuchte,
In der das Licht sich streut in eine weiche Weite,
Und nichts mehr ferne ist noch nah.

Sie atmet nicht mal mehr, die große Stille,
Sie ist – und nichts ist sonst – nur einfach da,
Kein Zweites taucht aus einem unberührten Ja.

Ich lausche in die Luft, die feuchte,
Und nichts ist ferne, nichts ist nah.

Am Himmel die Wolken:
Am Himmel die Wolken;

Auf der Erde die Fährten:
Auf der Erde die Fährten;

Dies alles gewahr:
Dies alles gewahr.

Auch im Mondenschein
Habe ich von den Gänsen
Einzig ihr Rufen gesehen.

Es ist November,
Doch mitten im Sonnenlicht
Da schwirren und schweben,
Wie flüchtig, fast durchsichtig,
Ganz kleine, kaum sichtbare
Flirrende Flügel-Wesen.

Es ist November
Und Gegenlicht.

Reif auf den Dächern und Häuptern,
Nebel in Wäldern und Tälern,
Und in allem die Sonne:
Ein strahlendes Licht!

Im frischen Schnee
Die unentdeckten Wege gehen …

Oh – und dieses Knirschen
Unter den Schritten!

Im kahlen Baum
Das leere Vogelnest
Mit einem Häubchen Schnee bedeckt …

Wie friedlich
All das jetzt!

Auch am Abend,
Noch immer:
Fällt Schnee …

Es war vor ein paar Tagen, es war erst wenig Schnee gefallen, doch es wehte ein kräftiger Wind. Ich ging einen meiner gewohnten Wege durch Feld und Wald, als ich plötzlich stehen blieb und innehielt. Ich lauschte, aufmerksamer noch als sonst, weil ich nicht glauben konnte, was ich da hörte. Es klang nach Herbst, nach Winter nicht, nein, zweifelsfrei nach Herbst.

Ich schaute in die Richtung, aus der dies Lauten zu mir wehte. Dort standen drei kleine Eichenbäume, ein jeder noch erfüllt von diesen blässlich braunen, krachend trockenen Blättern, die nie zu fallen schienen. Sie alle zitterten und flatterten in diesem heftig-herben Wind – und rauschten, rauschten wie ein ganzer Wald.

Ich schloss die Augen und konnte mich gar nicht satt hören, satt lauschen – hinein in dieses Rauschen, das nach letzten Farben klang und von einem wundersamen Spätherbstabend sang, und einen milden Streifen Wärme mir auf meine Augen legte, so, als stünde die Sonne gerade eben noch über der Horizontlinie.

So blieb ich stille einige Momente und atmete dies Rauschen immer tiefer in mich ein – bis es mich ganz erfüllte und mich ein Frieden und ein Aufgehobensein durchdrang.

Heute, »im Laufe des Tages« (der allerdings auf und an seinem Platz blieb und ganz still »verlief«), wollte ich mir unbedingt etwas merken und es sogleich danach aufschreiben.

Ich vergaß sowohl das Merken wie auch das Aufschreiben, ich habe sogar vergessen, was es war, was ich mir merken und aufschreiben wollte. Vielleicht war es eine Formulierung, eine Beobachtung, eine Impression – ich habe schlichtweg (ja, es ist tatsächlich »schlicht weg«) keine Ahnung mehr, was es war, noch nicht einmal, was es gewesen sein könnte.

Stattdessen ist jetzt einfach alles da. Nichts fehlt. Und ich habe noch nicht einmal eine Ahnung, was fehlen könnte.

Ich weiß nichts
Zu sagen.

Ich sehe
Das Ziehen der Wolken,
Ich höre
Das Ticken der Uhren –

Und ich weiß nichts
Zu sagen.

Ich fühle
Den Himmel sich weiten,
Ich spüre
Die Stille sich tiefen –

Und ich weiß:
Ja, ich muss
Gar nichts sagen.

Die Stille
Ist manchmal so stille,
Dass ich immer lauter
Sie übertöne.

Ich singe, ich flehe, ich weine,
Ich klage, ich fluche, ich schreie;
Doch es ist alle Stimme
So absolut stille.

So stille, nichts als Stille.

Ist denn nicht alles schon gesagt?
Hast du nicht alles schon gelesen?
Was bleibt, wenn es von hier vertagt,
Wenn es verschoben ins »gewesen«?

Wenn es entfällt dem Augenblick,
In Schrift und Ordnung sich zu fügen:
Ein Tiger aus Papier, ein Taschentrick,
Ein Wort von vielen, ein Belügen!

Was bringt es in Erinnerung,
Dass es gewahr und deiner inne bleibt?
Es schreibt sich fort in jeder Äußerung,
In die mein Wort sich einverleibt.

Es wiederholt sich, wurde es entfernt;
Doch wo es bleibt, da wird es Selbstverstand.
Der Mensch nur jenes nicht verlernt,
Das er erwählt zu seinem Heimatland.

So nimm nichts fort
Und füge nichts hinzu:
Dies ist der Ort
Und dies der Nu!

Reden? Missverständlich!
Schweigen? Widersprüchlich!

Was also tun?
Reicht lächeln und lieben?
Atmen und sein?

Und Schreiben?
Ist es Reden?
Ist es Schweigen?

Ich, dem Wahren verschrieben,
Möchte erzählen im Schweigen
Den Stillen, den Lauschenden,
Vom sich gewahrenden Leben.

Ich, dem Wahren verschrieben,
Suche in all diesem Lärmen
Noch immer den Zeiten und Welten
Mein Ja-Wort zu geben.

Ich, dem Wahren verschrieben,
Verloren im Wirklichen,
Schenke den gesenkten Blicken
Jetzt ein noch tieferes Lächeln.

Ich bringe nichts
Zu Wege.

Ich bleibe hier:
Es ist alles da.

Poesie:
Tanz und Melancholie,
Gesang und Philosophie,
Chaos und Geometrie,
Verletzlichkeit und Energie.

Die Zärtlichkeit der Anarchie,
Die Klarheit in der Phantasie,
All das ist: Poesie.

Poesie:
Dies Fallen
Vom Himmel,
Während sich öffnet,
Stets weiter, mein Herz …

Beim Blick aus dem Fenster:
Die Straßenlaternen,
Die Dächer der Häuser,
Die Bäume, die kahlen,
Die grünen dahinter,
In der Ferne die Hügel
Und dann immer weiter ...
Der Himmel, die Wolken,
Vereinzelte Lichter –
Scheint alles an seinem Platz!

Alles dies Eine,
Alles an seinem Platz:

Manchmal als Segen,
Der nicht zu fassen,
Manchmal als Schmerz,
Der uns erfasst.

Alles dies Eine!
Alles an seinem Platz!

Wie vieles ließe sich ersinnen,
Es »Als ich aus dem Fenster blickte« zu beginnen?

Denn stets, wenn ich einmal nach draußen schaue,
So ganz ohne Grund, so einfach ins Blaue,
Offenbart sich dort ein noch Unerkanntes,
Geschieht eben just ein ganz Wundersames.

Es ist gar nichts Großes, nichts Aufregendes,
Nichts Spektakuläres, nichts Besonderes;
Es ist einfach das, was sich eben dort zeigt
Und im nächsten Moment schon wieder verschweigt.

Darin offenbart sich vollkommen das Sein,
Berauschte von Schönheit sind Schatten und Stein;
Ich schaue nach draußen, doch sehe nach innen,
Und spüre beglückt ein Gedicht sich beginnen!

Wie seltsam, dass Staub nicht ergraut,
Dass das Sterben niemals erstirbt!

Wie seltsam, dass Raum nicht verschwindet,
Dass das Leben sich nie überlebt!

Wie eigen, dass Ist einfach ist,
Dass dem Sein zu sein schon genügt!

Gerade eben hat die Spinne
Die Fliege, die noch eben summte,
Versponnen und verpackt.

Ich, der ich sie zu spät – soeben erst – erkenne,
Erschaue noch in meinem letzten Schwunge,
Wie sie der Staubsauger verschluckt.

Ich halte unwillkürlich inne,
Und still nach oben geht mein Blick.

Ein Jedes,
Ob Leben, ob Ding,
Es überrascht mich
Mit seinem Sein.

Die Frucht, die saftige –
Wie köstlich in ihrer Saftigkeit!

Die Frucht, die trockene –
Wie köstlich in ihrer Trockenheit!

Der eine so,
Der andere so.

Das ist so.

Gleich, welche Namen
Wir all den Flüssen geben,
Sie werden von den Quellen
Bis hin zur Mündung fließen.

Gleich, welche Namen
Wir all den Flüssen geben,
Sie werden von den Quellen
Bis hin zur Mündung fließen.

Gleich, welche Namen
Wir all den Flüssen geben,
Sie werden von den Quellen
Bis hin zur Mündung fließen.

Im Licht der Lampe schien
Auch ohne Lampenlicht
Es hell genug zu sein.

Doch als ich sie tatsächlich löschte,
Da fehlte eben just ihr Schein.

Ich rufe –
Doch kein Lauten kehrt
Zu mir zurück;
Ich schweige –
Nichts aber
Offenkundigt sich.

Der Kern
Zum Äußersten verinnerlicht,
Die Leere fällt
In nichts als Nichts.

Vertieft ins Bodenlose
Ist mein Grund,
Erloschen ist
Mein Licht im Licht.

Ich rufe –
Doch kein Lauten kehrt
Zu mir zurück;
Ich schweige –
Nichts aber
Offenkundigt sich.

Diese Sinfonien
Aus Geräuschen und Gerüchen,
Aus Farben und Formen,
Aus Blicken und Gesten,
Aus Erleben und Empfinden,
Aus Erkennen und Entdecken!

Dies nackte, bloße Leben,
Dies Irisierende in den Momenten,
Dies Fließende im Innehalten,
In nichts als Augenblicken,
So stark, so zärtlich,
So fulminant, so flüchtig,
So intensiv und unumstößlich,
Dass es mich heiter überwältigt!

Dieser Moment,
In dem nichts geschieht,
Der einfach nur ist,
Nichts schöpft, nichts erregt,
Zerbirst fast
Vor Intensität.

Die Stille ist
Stiller als still,
Das Sein vibriert
In sich selbst;
Nichts kommt,
Nichts geht,
Da ist einzig Ist,
Das ins Ist überfließt.

Dieser Moment,
In dem nichts geschieht,
Der einfach nur ist,
Nichts schöpft, nichts erregt,
Zerbirst fast
Vor Intensität.

So leer und so still,
Kein Gedanke, kein Gefühl;
Nichts ist bewegt, doch alles berührt,
Kein Etwas, das kommt, kein Etwas, das geht.

Nicht Schatten noch Licht,
Nichts, das es wägt, nur eines, das liebt;
Da ist kein Gedanke, da ist kein Gefühl,
Ist so leer und so still, so leer und so still.

Ich bin Überlebter,
Ein Anachronist,
Mein Computer heißt Hirn
Und ich hab ihn im Kopf,
Nicht auf dem Tablett.

Ich bin Überlebter,
Ein Anachronist,
Mein Kommunikator heißt Herz
Und ist hier und lebendig,
Not social and smart.

Ich bin Überlebter,
Ein Anachronist,
Und ich lächle dir zu –
Von Augenblick
Zu Augenblick.

Der Welt bin ich fremd,
Der Seele vertraut;
Leiser mein Herz,
Lauter mein Wort.

Der Welt bin ich fremd,
Dem Wahren vertraut;
Es ist einsam mein Herz,
Es ist Weite mein Wort.

Der Welt bin ich fremd,
Dem Einen vertraut;
Heiter mein Herz,
Weise mein Wort.

Ich habe nie
Irgendwo anders hingewollt,
Als nicht herauszufallen
Aus diesem Moment.

Was ich vermisse?
Es gibt vieles, was ich gern hätte –
Doch was ich vermisse,
Jetzt wirklich vermisse …
Ja, ich erschrecke:
Rein nichts!

Wie viel geschieht,
Während nichts passiert!

Das Grün ist das Grün,
Das Singen das Singen,
Das Gehen das Gehen,
Das Sein ist das Sein.

Es gibt nichts zu tun,
Es ist von allein.

Das Grün ist das Grün,
Das Singen das Singen,
Das Gehen das Gehen,
Das Sein ist das Sein.

Ich habe meinen Kopf, zu denken,
Meine Hand, zu handeln,
Und den Moment, um mich zu lenken;

Ich habe meinen Geist, mich zu versenken,
Mein Erscheinen, mich zu wandeln,
Und dieses Herz, um mich zu schenken:

Ich habe, dass ich bin.

Manchmal
Bin ich einfach nur da
Und bin.

Ohne Bedürfnis, etwas zu tun,
Ohne Bemühen, etwas zu sein.

Ist einzig: Moment,
Ist: Seiner Gewahrsein;
Ein Staunen, ein Lächeln –
Und die Freude daran,
Und der Friede darin.

Ohne Bemühen, etwas zu sein,
Ohne Bedürfnis, etwas zu tun.

Manchmal
Bin ich einfach nur da
Und bin.

ZEIT

Wie spät es ist?
Gerade jetzt!

REISE

Niemand ist ein Anderer.
Ich bin immer Hier.
Ganz genau Hier.

»Hast du nichts zu tun?«

»Nein, ich habe zu sein.«

»Verdichtungen 2013 · 2/4«
von Henning Sabo
erscheint im Frühjahr 2024 als 2. Druck der
edition kEin zWeites
kein.zweites@web.de

Herstellung und Verlag:
BoD – Books on Demand, Norderstedt

Gestaltung, Typographie und Satz in der Minion Pro:
Sven Uftring, Bad Nauheim
www.asku.de

Lektorat und Edition:
Henning Sabo, Neustrelitz
henning.sabo@web.de

ISBN 978-3-758-33196-1

FSC® C105338
MIX
Papier aus verantwortungsvollen Quellen
Paper from responsible sources
www.fsc.org